사람과 사람을 이어 주는 도시 공동체 이야기

이웃끼리 똘똘 뭉치면 무슨 일이 생길까?

글 미셸 멀더 | 옮김 현혜진

초록개구리

더불어 사는 지구는 우리가 세계 여러 나라 사람들과 함께 이 지구에서 더불어 잘 살기 위해 생각해 보아야 할 환경과 생태, 그리고 평화 등의 주제를 다루는 시리즈입니다.

Home Sweet Neighborhood: Transforming Cities One Block at a Time
Text copyright © 2019 Michelle Mulder
First published in Canada and the USA in 2019 by Orca Book Publishers Ltd.
All rights reserved.
Korean translation copyright © 2019 Green Frog Publishing Co.
Korean translation rights arranged with Orca Book Publishers Ltd. through Orange Agency.

이 책의 한국어판 저작권은 오렌지에이전시를 통해 저작권사와 독점 계약한 초록개구리에 있습니다.
저작권법에 의해 한국 내에서 보호를 받는 저작물이므로 무단 전재와 복제를 금합니다.

▲ 체코 공화국 올로모우츠 시에 있는 호르니 광장. 이곳은 누구나 자유롭게 이용할 수 있는 열린 공간이다.

들어가는 말 | 주차장 텃밭에서 시작된 마을 만들기 • 6

1장 내 친구의 집은 어디인가?

꽃보다 이웃! • 10
옆 동굴에는 누가 살까? • 11
이웃과 도시의 탄생 • 12
월급 주는 공장에서 일할래! • 14
거리에 나가서 놀자! • 15
이웃이라고? 됐어! • 17
이웃을 이어 주는 아이들의 힘 • 19
마을을 우리 공간으로! • 20

2장 거리에서 다 같이 놀자!

분필 하나로 법을 바꾸었다고? • 24
차 대신 자전거 탈 권리! • 25
거리로 나온 거실 • 27
뜨개질로 마을을 안전하게 만든다고? • 28
사방에 놓인 의자들 • 31
구덩이 정원 • 32
모래더미와 페인트가 일으킨 변화 • 34
몸과 마음, 환경을 지키는 공동체 • 36

3장 음식 나눠 먹기의 힘!

다 같이 나눠 먹으며 놀자! • 40
담장을 없애라 • 41
빵 굽는 공원 • 43
온 마을을 배불리 먹이는 공용 냉장고 • 44
나를 연주하세요. 난 당신 거예요! • 46
고속도로 한가운데에서 만찬을 즐기다 • 47
아이들이 설계하고 시에서 만든다 • 48
도시의 주인은 자동차가 아니다 • 50

4장 함께 만드는 재미난 도시 생활

정치? 어린 시민의 지지를 받으세요! • 52
시민들이 되살린 수영장 • 53
뜨개실로 도시에 색을 입힌다! • 55
집 앞에 도서관을! • 58
동네에서 기르는 채소로 밥상을 차린다 • 59
사람들이 모이면 동네가 바뀐다! • 61
도전! 이웃 사귀기 • 64

사진 저작권 목록 • 68

주차장 텃밭에서 시작된 마을 만들기

▲ 필자는 주차장에 텃밭을 일구고 책 교환함도 만들어 놓았다. 그러자 주차장은 사람들이 북적이는 사랑방이 되었다.

길을 지나다가 무언가 이상한 것을 발견하고는, 좀 더 자세히 보려고 길 한복판에 멈춰 본 적이 있는가? 나무 위 새집이나 어마어마하게 큰 해바라기 같은, 동네에 숨은 신기한 것들을 나는 무척 좋아한다. 그리고 여태껏 이런 점이 별나다고 생각한 적도 없었다. 우리 가족이 사는 아파트에서 한바탕 소동이 일어나기 전까지는 말이다.

남편과 나는 자동차를 몰지 않는다. 그래서 늘 비어 있는 우리 몫의 주차 공간에 토마토를 키웠는데, 그 일이 어느 이웃의 마음을 언짢게 했다. 텃밭이 생기면 사람들이 거기에 모여 수다를 떨게 된다나 뭐라나! 그 이웃은 자기 집 창문 밖에서 사람들이 모여 시끄럽게 떠드는 게 싫었던 것이다. 처음에는 그 이웃의 태도를 이해할 수 없었다. 수다를 떨기 위해서가 아니라 먹기 위해서 토마토를 키웠으니까! 하지만 그 이웃이 이사를 간 뒤, 나는 그가 옳았음을 깨달았다. 함께 사용하는 주차 공간에 텃밭이 생기니 실제로 사람들이 모이면서 대화에

불이 붙었다. 텃밭을 일구고 있으면 지나가던 이웃들이 말을 건네는데, 나는 그게 너무 좋다.

나는 이런 활동에 이름이 있다는 걸 요즘 알았다. 그건 바로 '장소 만들기'다. 장소 만들기는 이웃이 서로 경험을 나누고 함께 모여 즐길 수 있도록 동네를 바꿔 가는 것으로, 요즘 세계 곳곳에서 벌어진다. 아이들이야말로 타고난 '장소 만들기 선수'이다. 동네 여기저기에 요새를 만들고 분필로 길바닥에 사방치기 그림을 그린다. 요즘은 어른들도 이 일에 뛰어들고 있다. 집 앞에 책 교환함을 놓고 이웃과 책을 바꿔 보기도 하고, 거리에 소파와 탁자를 끌고 나와 여럿이 식사를 하기도 하며, 공원에 공용오븐을 만들어 다 같이 빵을 굽기도 한다. 보잘것없어 보이지만 이제껏 아무도 생각하지 않은 일들을 하나둘 벌여 나가다 보면 정말 동네를 바꿀 수 있을까? 이 책에서 한번 확인해 보자!

행복한 우리 동네

여름이면 우리 아파트는 무척 덥고 답답하다. 거리의 소음과 아스팔트 도로의 열기 때문이다. 하지만 올해는 여름나기가 훨씬 수월해졌다. 주민들이 뜻을 모아 '주차장'을 '공원'으로 만들었기 때문이다. 사진에서처럼 주차장 한쪽에 벤치를 두어 앉을 곳을 마련하고 책 교환함을 세워 작은 도서관도 만들었다. 앞으로는 공동 바비큐 그릴도 마련하려고 한다.

▲ 인도와 차도 사이에 있는 기다란 풀밭을 텃밭으로 바꿨다. 텃밭은 이웃을 불러 모으는 신기한 힘을 지녔다.

1장
내 친구의 집은 어디인가?

오늘날 많은 사람들이 큰 도시에 모여 살아간다. 그 어느 때보다 가까이에 붙어서 살지만 서로 인사를 나누거나 시간을 함께 보내는 일은 거의 없다. 이 장에서는 자연스레 공동체를 이루어 살던 인류가 도시와 공장, 자동차의 등장과 함께 어떤 변화를 겪었는지, 왜 다시 이웃과 공동체를 이루어야 하는지 알아보자.

꽃보다 이웃!

빵을 구우려고 한창 반죽을 하고 있는데 뒤늦게 달걀이 다 떨어졌음을 알았다면? 게다가 가게가 멀리 떨어져 있다면? 옆집에 가서 달걀 몇 개를 빌리면 손쉽게 해결된다. 그런데 만약 집 근처에 친하게 지내는 이웃이 한 명도 없다면 어떻게 해야 할까?

얼마 전까지만 해도 이웃과 이야기를 나누는 것은 일상생활에서 빠지지 않는 일과였다. 하지만 요즘, 특히 대도시에서는 이런 모습을 점점 찾아보기 힘들다. 심리학자부터 환경운동가에 이르는 수많은 사람들은 한목소리로 말한다. 이웃끼리 서로 알고 지내는 것이야말로 우리 자신과 지구에게 가장 이로운 행동이라고! 생물학자들도 인류는 공동체를 이루어 똘똘 뭉쳐 살아야 가장 행복하다고 말한다. 정말 그럴까? 시간을 거슬러 올라가 우리 조상들이 이웃과 어떻게 지냈는지 알아보자.

▲ 케냐 마쿠유의 한 마을에서 동네 아이들이 어울려 축구를 하고 있다.

▲ 계단은 이웃과 이야기를 나누거나 지친 몸을 쉬기에 안성맞춤이다. 네팔 박타푸르에 있는 한 마을 풍경.

옆 동굴에는 누가 살까?

인류의 조상인 호모 사피엔스는 20만여 년 전 아프리카에 처음 나타났다. 이들은 가족, 친척과 공동체를 이루어 함께 살았다. 한곳에 머물러 살기보다는 먹거리를 쫓아 이곳저곳으로 옮겨 다녔다. 부모와 이모, 삼촌들은 아이들에게 봄에는 산딸기를, 여름에는 영양 고기를 배불리 먹을

▲ 수천 년 동안 극지방 사람들은 '이눅슈크'라는 이 돌무더기를 쌓아 이동 경로나 낚시터, 야영지, 사냥터, 식품 저장고를 표시했다.

> **이거 알아?**
>
> 생물의 진화를 연구한 찰스 다윈(1809~1882년)은 환경에 가장 잘 적응하면서, 서로 오순도순 힘을 합쳐 살아가는 생물이나 집단이 오래도록 살아남을 가능성이 높다고 주장했다.

만한 곳을 알려 주었다. 또한 피해야 할 동물은 무엇이고 잡아먹을 수 있는 동물은 무엇인지, 깨끗한 물은 어떻게 찾고 도구는 어떻게 만드는지도 가르쳐 주었다.

옛 인류는 이리저리 떠돌아다니며 살았기 때문에, 오랫동안 살 집을 짓는 일은 드물었다. 대신 동굴에 들어가 머물거나, 땅속 구멍이나 동물 가죽 같은 자연 속 재료를 이용해 은신처를 만들었다. 이따금 먹거리가 넉넉할 때면 짧게는 며칠, 길게는 몇 주 동안 한곳에 머물기도 했다. 여름에 낚시터에서 다른 무리와 우연히 마주치기도 했지만, 이내 저마다 제 물건을 짊어지고 어린 아이들을 들쳐업고서 다른 먹거리를 찾아 떠났다.

이웃과 도시의 탄생

1만 2,000여 년 전, 몇몇 서아시아 사람들은 식물 주변을 깨끗이 치우고 물도 자주 주면 식물이 그냥 두었을 때보다 훨씬 더 잘 자란다는 사실을 알게 되었다. 이들은 떠돌이 생활을 그만두고 먹거리를 직접 키우기 시작했다. 다른 무리들도 이들과 함께했다. 그러면서 사람들은 처음으로 자기 가족이나 친척뿐 아니라, 전혀 모르는 사람들과도 같이 살게 되었다.

오랜 세월이 흘러, 이들은 점점 농사를 잘 짓게 되었다. 가족들이 먹고 남을 정도로 충분한 먹거리를 꾸준히 생산하게 되자, 먹거리를 키우는 일 대신 신발이나 수레, 솥을 만드는 일에 매달리는 사람들도 생겼다. 이들은 자신들이 만든 물건을 먹거리와 맞바꿨다.

약 6,000년 전, 오늘날 이라크와 이란, 시리아, 터키가 있는 메소포타미아 지역에는 아주 큰 정착지들이 생겨났다. 정착지의 규모가 워낙 커서 그 안에 사는 사람들이 서로 잘 모르는 경우가 많았다. 이제 길을 닦는 일 같은 큰일은 가까운 이웃끼리 힘을 모아서 할 만한 범위를 넘어섰다. 그래서 공동체들은 정부를 세우고 공공사업을 벌일 세금을 거둬들였다. 도시는 그렇게 해서 탄생되었다.

행복한 우리 동네

내가 2000년에 페루 팜파로마스의 작은 마을에 살았을 때, 길에 지나다니는 자동차는 두 대뿐이었다. 하나는 마을 목사가 모는 트럭이고, 다른 하나는 동네 사람들을 이 마을에서 저 마을로 실어다 주는 승합차였다. 그 외에는 아무도 차를 살 형편이 안 되었다. 길이 한적해서 사람들은 길가로 나와 이야기를 나누고 물건을 팔고 당나귀에 짐을 싣고 다녔다. 오후가 되면, 길에 배구 네트를 펼치고 시합을 벌이기도 했다. 당나귀가 지나가면 경기를 멈춰야 했지만, 트럭과 승합차 운전자는 눈치껏 다른 길로 돌아서 갔다.

월급 주는 공장에서 일할래!

▲ 1909년, 미국 조지아 주의 실 잣는 공장. 이곳 노동자들은 날마다 열두 시간씩 일했고, 이들 중에는 일곱 살짜리 아이들도 있었다.

마을과 도시가 곳곳에 생겨났지만, 여전히 이곳저곳으로 옮겨 다니는 사람들도 있었다. 소나 양 같은 가축을 키우는 사람들은 물과 풀밭을 찾아다니면서 살 수밖에 없었다. 사실 이런 삶은 무척 고단했다. 길을 나서서 그때그때 필요한 것을 사려면 돈을 충분히 지니고 다녀야 했다. 이 사람들은 보통 아는 사람들을 모두 고향에 남겨두고 낯선 곳으로 떠났다. 오늘날처럼 휴대전화도, 똑똑한 길 찾기 애플리케이션도 없이 말이다. 아는 사람도 없고 연락할 방법도 없으니 병에 걸리거나 사고라도 나면 당장 기댈 곳도 없었다.

그런데 300년 전 유럽에서 사람들이 고향을 떠나는 게 쭉 눌러사는 것보다 낫다고 여기게 되는 사건이 일어났다. 1769년 무렵, 제임스 와트라는 스코틀랜드 사람이 증기 기관을 발명했는데, 증기 기관은 기계를 이전보다 더 빨리 움직이게 했다. 그러자 그때까지 사람들이 손으로 하나하나 만들던 옷을 비롯한 수많은 물건들이 기계로 만들어지기 시작했다. 도시 곳곳에 공장들이 들어섰고, 공장에서 일하는 사람들은 그동안 꿈꿔 왔던 고정된 수입을 얻었다.

농부들에게 공장은 황금 같은 기회로 보였다. 농부들은 그동안 해충이나 거센 폭풍우로 한 해 농사를 망치면 꼼짝없이 굶어야 했다. 하지만 공장에서 일하며 월급을 받으면, 날씨나 해충 걱정 없이 먹고살 수 있었다. 무엇보다 아이들을 굶길 일이 없었다. 조상들이 수백 년 동안 살아온 땅과 알고 지낸 모든 사람들과도 영영 헤어져야 했지만, 꾸준히 들어오는 월급이 그만큼 가치가 있으리라 믿었다.

유럽 사람들은 드넓은 시골을 떠나 도시의 비좁은 방으로 기꺼이 옮겼다. 부모부터 어린아이들까지 온 식구가 공장에서 일을 했다. 가족, 이웃과 함께 논밭으로 나가 농작물을 심고 거두면서 하루하루를 보내는 대신, 어둡고 시끄러운 공장에서 하루 열두 시간에서 열아홉 시간까지 일해야 했다. 그렇게 일하다가 밤에 집으로 돌아가면 온몸이 녹초가 되어 가족이나 이웃과 시간을 보낼 기운도 없었다.

거리에 나가서 놀자!

도시 생활은 점점 좋아졌다. 사람들은 새로운 생활 방식에 적응했고, 이웃 사람들도 사귀었다. 이들은 좁은 집에서 밖으로 쏟아져 나와, 주로 거리에서 사람들을 만났다.

1800년대 도시의 거리는 지금과 많이 달랐다. 아이들은 길거리에서 나무 막대기나 돌멩이를 가지고

> **이거 알아?**
>
> 지구상의 생물들은 새로운 환경에 적응하기까지 수천 년이 걸렸다. 하지만 인류는 달랐다. 인류는 고작 몇 개월 또는 몇 년이면 새로운 기후와 환경에서 살아가는 법을 터득했다. 1만 년 전부터 인류는 남극을 뺀 모든 대륙에서 살아왔다.

놀고, 동네 사람들은 집 앞에서 채소를 팔기도 했다. 도로에서는 수레를 끄는 당나귀도 자주 볼 수 있었다. 길 곳곳에 가축 배설물과 쓰레기가 널려 있었고, 말이 끄는 마차가 쌩하니 지나갈 때면 사람들은 부랴부랴 안전한 곳으로 피하기 일쑤였다.

그러나 1900년대 초반에 이 모든 것이 바뀌었다. 도로에 새로운 발명품이 등장했다. 바로 자동차다! 이 빠른 운송 수단은 여기저기서 사고를 일으키고 다녔다. 처음에 사람들은 운전자에게 노발대발했다. 사고 현장에 있던 사람들은 너 나 할 것 없이 차 주위로 몰려들어 차 안에 있는 사람에게 소리를 질러 댔다. 법도 운전자에게 무거운 벌을 주었고, 사고로 사람이 죽으면 운전자는 감옥에 가야 했다.

자동차를 모는 사람들도 나름대로 불만이 많았다. 맘껏 빨리 다니려고 큰돈 들여서 차를 샀는데 장애물이 많으니 말이다. 자동

▲ 1900년 미국 뉴욕의 거리 풍경. 사람과 말, 채소장수들로 거리가 북적이다 보니, 어딜 가든 빨리 갈 엄두를 못 냈다.

▲ 1905년, 미국 포드 자동차를 타고 있는 가족. 차가 점점 많아지면서 도로는 자동차 전용으로 바뀌어 갔다.

▲ 1935년 미국 워싱턴 조지타운에 있는 보도에서 장난감 자동차를 가지고 노는 아이들의 모습.

차 회사와 판매 사원들은 자동차가 더 많아지면 결국 거리도 자동차 전용 공간으로 바뀌게 될 거라고 화난 고객들을 달랬다.

이웃이라고? 됐어!

시간이 흐르면서 사람들은 돈을 많이 벌었다. 그리고 자동차 값이 점점 싸지면서 자동차를 사는 사람도 늘어났다. 사람들은 자동차 덕분에 시간에 맞춰 집에서 멀리 떨어진 직장이나 학교에 갈 수 있게 되었다. 그리고 동네 이웃과 시간을 보내기보다는 다른 곳에서 하루 종일 지내는 일이 많았다. 차고에서 자동차를 몰고 나갔다가 곧장 차고로 들어가 자동차를 세우고 집 안으로 들

17

▲ 이탈리아 밀라노에서 '차 없는 날'을 맞이해 탁 트인 거리에서 농구를 즐기는 아이들. 차가 없는 도로는 훌륭한 놀이터이자 공원이 된다.

어가기 때문에 이웃과 마주칠 일이 거의 없었다.

물론 이웃과 지내는 시간이 줄어든 이유가 자동차 때문만은 아니다. 100여 년 전만 해도 우리에게는 이웃이 필요했다. 아직 냉장고가 나오기 전이라, 일주일에도 몇 번씩 동네 가게에서 식료품을 샀다. 가게를 오가며 이웃과 이야기를 나누는 건 즐거운 놀이였다. 영화나 텔레비전, 인터넷

 행복한 우리 동네

나는 열아홉 살 때 도미니카 공화국에 있는 작은 마을(사진)에서 자원봉사를 하며 여름을 보냈다. 내가 속한 팀은 평일에는 송수관을 묻을 도랑을 팠고, 주말에는 강에서 수영을 했다. 우리가 집으로 돌아가던 날, 동네 아이들이 어떻게 알았는지 우리 이름을 부르며 달려왔다. 어른들도 그 소리에 집 밖으로 나와 우리에게 작별 인사를 건넸다. 그 마을에는 전기도 전화도 없었지만, 거기 사람들은 마을에서 일어나는 일을 속속들이 다 알았다.

이 발명되기 전이었으니까. 하지만 요즘은 집 밖에 나가지 않고도 필요한 물건을 거의 다 살 수 있다.

이웃을 이어 주는 아이들의 힘

예전에 아이들은 바깥에 나가서 노는 것이 주된 일과였다. 여름이면 잠자리에서 일어나 아침을 먹고 집안일을 좀 거들다가 밖에 나가 온종일 놀았다. 그리고 밥 먹을 때나 잠잘 시간에만 집에 돌아왔

▲ 미국에서는 몇몇 거리를 '놀이 구역'으로 지정했다. 운전자는 이 표지판이 있는 곳에서는 차를 천천히 몰아야 한다.

▼ 길거리 가판대에서 레모네이드를 파는 아이들. 음료수를 만들어 이웃에게 팔면 놀이도 되고 돈도 벌 수 있다!

> **이거 알아?**
>
> 연구 결과에 따르면, 평소 자동차를 타는 아이들보다 걸어 다니거나 자전거를 타는 아이들이 동네 지도를 훨씬 정확하고 자세하게 그릴 수 있다고 한다.

다. 부모들은 아이들이 으레 집 근처에서 놀고 있겠거니 생각했다. 동네 아이들과 어울려 놀고 있을 테고, 종종 애들을 살펴볼 어른들이 주변에 있으리라고 믿었다.

텔레비전이 나오기 한참 전에 아이들은 동네 곳곳에 요새를 만들거나 술래잡기, 사방치기, 구슬치기를 하며 놀았다. 이런 놀이를 하느라 골목은 늘 시끌벅적했다. 아이들은 우르르 몰려다니면서 이 집에서는 과자를 얻어먹고 저 집에서는 화장실을 이용했다. 그러는 동안 집집마다 벌어지는 이런저런 소식을 듣게 되고, 집에 돌아가서 제 부모에게 들려주었다. 동네에 아픈 사람이라도 생기면, 대개 아이들이 가장 먼저 그 소식을 집에 전하고 어른들은 무슨 일이든 도우려고 나섰다. 아이들은 이웃끼리 잘 어울려 지내는 데 중요한 역할을 했다.

마을을 우리 공간으로!

'연결된다'는 말은 무슨 뜻일까? 누군가에게는 수많은 사람과 온라인으로 접속한다는 뜻일 수 있다. 하지만 심리학자들은 인간에게 필요한 건 실제로 얼굴을 맞댈 수 있는 친구와의 끈끈한 연결이라고 말한다. 온라인 친구는 우리가 아플 때 약을 가져다줄 수도 없고, 함께 농구를 할 수도 없으니까.

그렇다면 세상에서 친구를 가장 잘 만드는 사람은 누구일까? 바로 아이들이다! 어른과 달리 아이들은 눈앞에 있는 사람도 잊게 만드는 휴대전화를 덜 가지고 있고, 다른 곳으로 훌쩍 떠나게 할 자동차도 없다. 주위를 가만히 살펴보면 친구를 만들 기회가 훨씬 잘 보인다. 낙엽을 갈퀴로 긁어서 산더미처럼 모으며 놀거나 길거리에 색분필로 벽화를 그려 보면 어떨까? 다른 사람이 재밌는 것을 만들어 내기만 기다리거나 그런 것들이 이미 있는 곳으로 가기보다, 우리가

▲ 가을에는 낙엽을 쓸어 모으면서 이웃들과 친해질 수 있다. 산처럼 쌓인 낙엽 더미는 아이들에게 신나는 놀잇감이 된다.

행복한 우리 동네

몇 년 전에 캐나다 빅토리아 시는 쭉 뻗은 도로 한 곳을 보행자, 자전거를 비롯한 무동력 차량 이용자를 위한 '녹색길'로 바꿨다. 시청은 시민들에게 도로에 색을 칠하는 일을 도와달라고 했다. 당시 우리 가족은 이 프로젝트에 참여해 이웃과 함께 도로에 색을 칠했다(사진). 우리 가족은 자전거를 타고 지날 때마다 우리가 직접 칠한 녹색길에 인사를 건넨다.

▲ 보도는 사람들이 걸어 다니거나 아이들이 사방치기만 하는 곳이 아니다. 상상력을 조금만 끌어오면 미국 뉴욕의 이 아이들처럼 보도에서 체스 게임을 할 수도 있다.

직접 동네에서 유쾌한 일을 시작한다면 얼마나 흥미진진할까! 그것은 어떤 공간을 '우리' 공간으로 바꾸는 것이다. 동네에서 자기가 하고 싶었던 일을 하는 사람들이 늘어나면 동네는 어느새 거기 사는 사람들을 닮아 가고, 사람들은 동네에서 편안함을 느끼게 된다.

'장소 만들기'는 몇몇 주민이 자신의 흔적을 남기는 일을 넘어서서 훨씬 더 깊은 가치를 지닌다. 사람들이 직접 만나 관계를 맺으면 모두의 삶은 좀 더 행복해진다. 범죄도 줄이고 굶주리는 사람들에게 먹을 것도 나눠 주게 된다. 그렇다면 장소 만들기는 어떻게 할까? 다음 장에서 그 방법을 찾아보자.

2장
거리에서 다 같이 놀자!

불과 얼마 전만 해도 사람들은 동네에서 많은 시간을 보냈다. 아이들은 바깥에서 친구들과 온종일 놀고, 어른들은 마을 평상에 모여 앉아 장기를 두거나 채소를 다듬었다. 그런데 왜 지금은 이런 모습을 찾아보기 어려울까? 마을에서 다시 활기차게 뛰어놀 수 있으려면 어떻게 해야 하는지 살펴보자.

분필 하나로 법을 바꾸었다고?

사방치기 놀이가 동네를 소란스럽게 만들까? 보도 위에 분필로 그린 그림이 낙서일까? 2007년 캐나다 오타와에서 이것은 중요한 논쟁거리가 되었다. 당시 몇몇 아이들이 동네 보도에 분필로 사방치기 놀이판을 그렸다. 어른들도 함께 놀며 이야기꽃을 피웠다. 하지만 주민 한 사람이 공공기물 파손 행위라며 시청에 고발했다. 그러자 곧 시청 직원들이 나타나 보도에 그린 사방치기 놀이판을 싹 지워 버렸다.

▲ 보도에 그림을 그리는 아이들. 밋밋한 잿빛 보도에 금세 생기가 넘친다.

그 일을 목격한 사람들은 어깨를 한 번 으쓱하고 그냥 집에 돌아갈 수도 있었다. 하지만 그들은 아는 사람들에게 연락해서 무슨 일이 있었는지 이야기했다. 오래지 않아 오타와 전역에 사는 사람들이 분필로 동네 거리 아무데나 사방치기 놀이판을 그리기 시작했다. 시청 정문까지 이어지는 길에도 분필로 사방치기 놀이판을 그렸다. 자, 이제 어떻게 됐을까? 오타와는 그 뒤로 '낙서'에 대한 법을 바꿨다. 이제 어른이든 아이든 누구나 마음껏 보도에 분필로 그림을 그릴 수 있다.

차 대신 자전거 탈 권리!

사방치기 놀이만 따가운 눈총을 받는 게 아니다. 대다수의 도시에서는 자전거를 타는 일이 쉽지 않다. 자전거 도로가 따로 마련된 곳에서도 자동차를 타고 다니는 사람들이 훨씬 많다. 도로에서 자전거를 탄다는 것은 차에 치일 위험과 매연을 무릅써야 함을 뜻한다. 오늘날 많은 도시는 처음부터 사람들이 차를 타고 다니도록 설계되었다. 차 없이 다닌다는 것은 하키 경기에 수영복을 입고 잠수용 기구를 입에 물고 나타난 거나 마찬가지다. 이처럼 자전거는 도시 생활에 영 어울리지 않는 장비인 셈이다.

그렇다고 모든 사람이 도시에서 자동차만 타야 한다고 생각하는 건 아니다. 2009년 어느 날, 미국 뉴욕에 사는 열두 살의 아담 카도 마리노는 자전거를 타고 학교에 갔다. '전국 자전

이거 알아?

2010년 독일 정부는 하루 동안 뒤스부르크와 도르트문트 사이의 도로를 막았다. 텅 빈 도로에 300만 명이 넘는 사람들이 나와 자전거와 스케이트를 타거나 걸어 다녔다. 그 뒤로 독일은 열 개 도시를 잇는 100킬로미터 길이의 자전거 도로를 만들었다.

▲ 자전거를 타고 학교에 가는 아이들. 자전거를 타면 아주 빨리 갈 수 있을 뿐만 아니라 건강도 좋아진다.

▲ 타이 카오야이에 있는 놀이공원 모습. 이곳에는 아이와 어른이 마음껏 그림을 그릴 수 있는 거리가 있다.

거 이용 출근 날'을 축하하고 싶었기 때문이다. 아담은 엄마와 함께 자전거를 타고 학교에 도착한 것이 기쁘고 뿌듯했다. 주차장에 나와 있던 교감 선생님과 교장 선생님이 교칙을 들먹이며 아담의 자전거를 빼앗기 전까지는 말이다. 1994년부터 그 지역 교육청은 걷거나 자전거를 타고 학교에 오는 것을 금지해 왔다. 너무 위험하다는 이유에서였다. 선생님들의 처분을 도저히 받아들일 수 없었던 아담과 엄마는 교칙을 바꾸기로 마음먹었다. 그날부터 두 사람은 매일 자전거를 타고 학교에 갔고, 경찰이 불러도 멈추지 않았다. 그리고 그 소식이 지역 신문에 실리고 나서야 교육청은 자전거 등교를 법으로 허락했다. 이제 아담의 학교에는 자전거 고정대가 설치되어 있다.

거리로 나온 거실

아마도 한번쯤은 가족과 소풍이나 캠핑을 가서 돗자리를 펴 놓고 음식을 먹은 적이 있을 것이다. 그런데 만약 집 식탁을 거리로 끌고 나와 상을 차린다면 어떨까? 도저히 불가능할 것 같은 이런 일이 네덜란드에서는 흔하게 벌어진다. 네덜란드에는 많은 집들

▼네덜란드의 보행자 우선 도로. 이곳에서는 차들이 빨리 달릴 수 없다.

▲ 세계의 수많은 도시에서는 축제가 열리는 날이면 도로의 자동차 통행을 막는 허가증을 내준다. 덕분에 사람들은 오가는 차에 방해받지 않고 음식을 서로 나눠 먹고 시합도 벌이고 공연도 즐긴다.

이 현관문 바로 앞에 좁은 도로가 이어져 있다. 집 앞에 난 길 위로 빠르게 달리는 자동차 탓에, 사람들은 밖으로 나올 때마다 늘 가슴을 졸여야 했다. 그러다가 몇몇 주민들이 집 앞에 가구와 화분을 내놓았다. 집 앞 길바닥으로 거실을 넓힌 셈이다. 결과는 어땠을까? 이 길을 다니는 자동차 속도가 훨씬 느려졌다! 결과가 워낙 좋아서, 현재 네덜란드에는 이런 도로가 6,000곳이 넘는다. 이런 도로를 '보행자 우선 도로' 또는 '생활도로'라고 부른다. 그리고 이 아이디어는 전 세계로 퍼져 나갔다.

뜨개질로 마을을 안전하게 만든다고?

자전거를 타고 학교에 다니고 집 앞 거리에 내놓은 식탁에서 이웃과 저녁 식사를 하는 것은 정말 멋지고 즐거운 일이다. 하지만 위험한 동네에 사는 사람들도 이렇게 지낼 수 있을까? 미국 시애틀의 한 공공 주택 단지 주민들은 길모퉁이에서 마약을 파는 사람들을 피해 평소 집 안에만 머물러 있었다. 하지만 몇몇 할머니들이 더는 숨어 지내지 않겠다며 들고일어났다. 할머니들은 마약을 사고팔면서 벌어지는 범죄로 늘 소란스러운 길모퉁이에 접이식 의자를 끌어다 놓고 앉아 뜨개질을 했다. 결국 마약을 파는 사

▲ 스반테 미릭(사진 속 넥타이를 맨 남자)은 미국 뉴욕 주 이타카 시의 시장이 된 다음, 시청에 있는 자신의 주차 공간을 아담한 공원으로 바꿨다. 공원에는 이런 표지판이 걸려 있다. "시장과 친구들을 위한 공간입니다!"

람들은 쫓겨났고 영영 돌아오지 못했다. 때로는 동네 길을 걸어 다니고, 집 앞에 의자를 내놓고 앉아 있거나 뜨개질로 양말을 짜는 것만으로도 동네를 더 안전하게 만들 수 있다.

물론 뜨개질만으로 안전해지기 어려운 동네도 많다. 미국 시카고의 몇몇 지역은 조직 폭력배들이 공공장소까지 차지해 버려서 멋모르고 나갔다가는 총에 맞을 수도 있다. 하지만 이런 동네에도 농구 시합을 벌이는 마을 행사가 생겨나 변화를 일으키

이거 알아?

경찰들이 추천하는, 동네에서 범죄를 줄이는 가장 좋은 방법은 주민들이 밖에서 더 많은 시간을 함께 보내는 것이다.

▲ 동네 농구 시합은 재미만 있는 게 아니다. 거리를 더욱 안전하게 하고 공동체를 든든하게 세워 준다.

행복한 우리 동네

차가 없는 우리 가족은 평소 집에서 자전거로 쉽게 갈 수 있는 거리 안에서 생활한다. 이런 생활 방식은 우리 가족의 삶에 여러모로 영향을 끼친다. 딸아이만 하더라도 방과 후 활동을 많이 하지 않는다. 자전거로 왔다 갔다 하려면 시간이 오래 걸리기 때문이다. 그래서 동네에서 많은 시간을 보내다 보니 이웃 아이들과 아주 친해졌다. 동네에서도 늘 많은 일이 벌어진다. 골목에서 친구들과 놀이도 하고 소풍도 가고 재주넘기 시합도 한다. 아이 스스로 놀거리를 찾아가는 것 자체가 바로 놀이다!

고 있다. 여름이 되면, 행사 주최자는 매주 조직 폭력 문제가 심각한 지역을 고른다. 그런 다음 언제 도로를 막을지 주민들에게 알리고 차를 다른 곳으로 주차해 달라고 부탁한다. 그리고 서로 싸우던 조직 폭력단들을 농구 시합에 초대한다. 행사 날, 거리는 싸움터에서 축제의 장으로 바뀐다. 아이들은 세발자전거를 타고, 청소년들은 농구를 하고, 동네 주민들은 서로를 알아 간다. 함께 시합하면서 아이들은 거리를 다시 안전하게 만든다.

사방에 놓인 의자들

집 앞이나 주차장 가장자리에 놓인 긴 의자 하나가 동네 사람들을 끌어모을 수 있다. 거기에 자그마한 책 교환함까지 놓는다면 더 많은 사람들을 불러모을 수도 있다. 이처럼 사람들이 자연스레 서로 만나고 교류하는 장소를 만들기 위해서 반드시 거창한 계획이나 장치가 있어야만 하는 것은 아니다. 때로는 의자만으로도 충분하다.

뉴욕에서 가장 번화한 타임스 스퀘어는 수십 년 동안 빵빵대는 자동차들이 꼬리에 꼬리를 무는 곳으로, 소음이 엄청났다. 차가 워낙 많이 다니는 곳이라, 시청에서 이곳의 차량 통

▲ 2009년 5월, 차량 통행을 완전히 막은 뉴욕 타임스 스퀘어 모습. 사람들은 도로 한복판을 마음대로 이용하며 자유를 만끽했다.

행을 완전히 막겠다고 했을 때 많은 사람들이 걱정했다. 2009년 5월의 어느 주말, 도로에 장벽이 세워지고 알록달록한 해변용 의자 376개가 아스팔트 도로 위에 놓였다. 사람들은 거리로 쏟아져 나왔다. 지역 신문에는 교통 문제에 대한 불평은커녕 화려한 의자에 대한 소감이나 타임스 스퀘어를 완전히 다른 관점에서 바라보는 기사들이 넘쳐났다. 요즘도 타임스 스퀘어에는 자동차가 한 대도 다니지 않고 의자와 파라솔이 그 자리를 차지하고 있다. 뉴욕의 다른 많은 번화가에서도 비슷한 일이 벌어지고 있다.

구덩이 정원

집 앞에 화분이나 의자를 내놓아야만 이웃을 사귈 수 있는 건 아니다. 도로 옆 주차 공간에서도 이웃을 사귈 수 있다.

2005년 미국 샌프란시스코의 한 디자인 설계실에서 일하는 디자이너들은 대부분의 공공장소를 주차 차량이 차지해 버렸다는 사실에 화가 났다. 이들은 도시에 녹색 공간이 더 많아지기를 바랐다. 그래서 사무실에서 나와 밖을 돌아다니다가 도로변에 있는 어느 주차요금 징수기에 돈을 집어넣은 다음, 빈 주차 공간에 인조 잔디 카펫을 펼쳤다. 그 위에 화분과 벤치를 놓고, 잔디에 앉아 신문을 쫙 펼치고 읽었다. 두 시간 뒤에 주차 시간이 끝나자, 이들은 자리를 깨끗이 치우고 사무실로 돌아갔다.

이들의 움직임을 보고 샌프란시스코 시는 몇몇 주차 공간을 작은 공원으로 바꿨다. 그리고 9월 셋째 금요일이면 전 세계 도시에서

이 디자이너들의 활동에 뜻을 같이 하는 사람들이 지역 주차요금 징수기에 돈을 집어넣고 자기만의 공원을 만든다.

영국 런던에 사는 스티브 원은 주차 공간보다 더 비좁은 곳에 공원을 만든다. 사실 스티브는 오랫동안 불만이 많았다. 예를 들면 동네 보도에 움푹 파인 위험한 구덩이들이 많은 것

▲ 아담한 공원으로 바뀐 주차 공간. 인조 잔디 카펫을 펼치고 화분과 벤치를 끌어다 놓기만 하면 된다!

행복한 우리 동네

몇 년 전에 우리 가족은 막다른 골목에 살았다. 그 골목 끝에는 아주 자그마한 공원이 있었다. 작은 잔디밭과 나무 한 그루, 벤치 하나, 화단 하나가 전부였다. 어느 해부터 시에서 공원의 꽃을 몽땅 뽑아 버리고 잔디만 심어 비용을 줄이기로 했다.

꽃이 사라진 작은 공원은 너무 슬퍼 보였다. 그런데 놀랍게도 그 뒤로 공원에 맥주 캔과 담배꽁초 같은 쓰레기들이 조금씩 쌓여 갔고, 공원을 찾는 사람들은 점점 줄어들었다. 이듬해 봄, 시는 다시 꽃을 심었다. 그랬더니 쓰레기가 흔적도 없이 사라졌고, 사람들도 차츰 다시 찾아왔다. 어떤 장소를 소중히 가꾸면, 남들도 그곳을 소중히 여기기 마련이다.

도 불만, 정원사면서 자기 정원을 가질 수 없다는 사실도 불만, 런던 하늘이 1년에 절반쯤은 우중충한 잿빛이라는 사실도 불만이었다. 그러다가 서로 연관 없어 보이는 이 불만들을 단번에 해결할 방법을 찾아냈다. 바로 동네 보도의 움푹 팬 구덩이에 꽃을 심고 작은 정원을 꾸미기로 한 것이다. 사람들이 정원을 보고 얼굴이 환해지자 스티브는 구덩이 정원 만들기에 빠져들었다. 그 뒤로 스티브는 구덩이 정원 수백 개를 만들었고, 그에게 영감을 받은 사람들이 세계 곳곳에서 똑같은 일을 벌이고 있다.

모래더미와 페인트가 일으킨 변화

모래더미로 도시를 바꿀 수 있을까? 물론이다! 2002년 프랑스 파리는 자동차 통행을 줄이기로 결정했다. 공기 오염도 심해진 데다 위험천만하게 달리는 자동차 때문에, 파리 한가운데를 흐르는 센 강변에서의 여유로운 산책은 꿈도 못 꿀 지경이었기 때문이다. 그래서 여름 동안만 1.2킬로미터에 이르는 강변도로를 막았다. 그런 다음 도로를 모래로 덮고 야자나무와 인공 암벽, 경기장을 들여왔다. 교통 문제가 전보다 더 심각해질 거라며 못마땅해 하는 목소리도 물론 있었다. 하지만 그해 여름 200만 명의 사람들이 낮에는 일광욕을 하고 저녁에는 근처에서 열리는 공연을 보며 강가 모래밭에서 즐거운 시간

> **이거 알아?**
> 값싸고 손쉬운 방법만으로도 동네를 더 나은 곳으로 만들고, 그 지역 공무원들이 관심을 갖도록 끌어들일 수 있다. 적은 비용을 들여서 짧은 기간 동안 실험해 보다가 점차 도시 전체를 바꿔 나가기도 한다.

▲ 프랑스 파리 센 강가에 마련된 인공 해변. 멀리 휴가를 가지 않아도 도시 한복판에서 느긋하게 쉴 수 있다.

을 보냈다. 그 뒤로 해마다 강변도로를 막아 인공 백사장을 만들었고, 마침내 2016년에는 1년 내내 보행자 천국이 될 수 있는지 살펴보기 위해 6개월 동안 강변도로의 자동차 통행을 막았다.

페인트가 큰 역할을 하기도 한다. 예술가 에디 라마는 알바니아의 티라나에서 자랐다. 티라나는 건물도 거리도 우중충한 회색 도시다. 도시 곳곳에 쓰레기가 넘쳤고 범죄로 들끓었다. 2000년

▲ 밝은색 페인트로 입혀진 알바니아 티라나 시의 건물들. 티라나 시민들은 밝은색 건물이 도시를 활기차게 만들고, 범죄를 줄이며, 사람들 마음에 친절이 샘솟게 한다는 사실을 알게 되었다.

에디 라마는 시장이 되자 총천연색 페인트를 엄청나게 많이 주문해서 몇 년 동안 화가들에게 도시 곳곳의 건물 벽을 남색, 연두색, 주황색 같은 알록달록한 페인트로 칠하고 무지개나 별 같은 모양도 그려 넣도록 했다. 지역 주민들은 시장의 계획이 잘될지 걱정스러워 하면서도 멈추지 않고 진행되기를 바랐다. 페인트칠을 할수록 도시가 변하는 모습이 주민들 눈에도 보였기 때문이다. 사람들은 집 밖에서 더 많은 시간을 보냈고, 쓰레기와 범죄도 줄었다. 그러자 상점 주인들은 창문에 단 창살을 없애 나갔다.

몸과 마음, 환경을 지키는 공동체

자전거를 타고 학교에 가고, 길모퉁이에서 뜨개질을 하고, 도시를 총천연색으로 다시 칠하는 일이 정말 사람들의 평범한 삶에 활기를 불어넣을까? 많은 연구 결과들이 그렇다고 말한다. 이웃과 어울리며 함께 시간을 보내는 곳에서는 우울증이나 불안, 조현병 같은 정신 질환이 덜 나타난다. 게다가 과학자들은 고독과 신체적 질병 사이의 연관 관계를 찾아냈다. 가족이나 이웃, 친구들과 많은 시간을 보낼수록 병에 걸릴 위험이 낮아진다는 것이다. 그 밖의 다른 연구들도 서로 끈끈한 관계를 맺는 공동체 사람들이 잠도 푹 자고 더 오래 산다는 사실을 보여 준다. 이 장에서 살펴본 삶을 좀 더 행복하게 바꾸는 아이디어들은 하나같이 사람들이 서로 소통하고 공동체를 이루도록 권한다. 외로움과 소외감을 느끼는 사람들이 점점 늘어나는 요즘, 우리에게 필요한 것은 바로 공동체다.

그런데 공동체를 만드는 것은 환경에도 도움이 된다. 연구 결과에 따르면,

▲ 오스트레일리아 퍼스 근처의 한 마을 주민들이 만든 스케이트보드 경사대. 이 마을 주민들은 다 함께 무엇인가를 해 보기로 했고, 첫 사업으로 스케이트보드 경사로를 만든 뒤에 자전거 공동 보관대 설치, 염소 키우기, 주 1회 다과 모임 갖기, 매년 거리 축제 개최하기 같은 일을 벌이고 있다.

▲ 이웃과 함께 공터를 동네 텃밭으로 만들면, 먹거리뿐 아니라 우정도 키울 수 있다!

▲ 자전거를 타면 건강에도 좋고 여유롭게 돌아다닐 수 있다. 덴마크 코펜하겐은 자전거를 타기에 아주 좋은 환경을 갖췄다.

이웃과 잘 지내는 사람들은 집 근처에서 더 많은 시간을 보낸다. 그러니 자연스레 운전을 덜 하게 된다. 그리고 물건을 나눠 쓸 정도로 이웃과 친해지면 물건을 사들이는 일도 줄어든다. 우리가 새 물건을 살 때마다, 공장은 더 많은 물건을 만들기 위해 천연자원을 마구 쓴다. 따라서 물건을 덜 사는 건 자연환경에 이로운 일이다. 페인트 붓이나 자전거 공기 펌프를 빌리러 옆집에 가는 것도 하나의 환경 운동인 셈이다!

 **행복한 우리 동네**

우리 동네에는 밖에서 노는 걸 엄청나게 좋아하는 아이들이 있다. 아이들은 낙엽이 떨어지면 밖에 나가 갈퀴로 낙엽을 끌어 모으고, 눈이 내리면 삽을 들고 나간다. 어느 겨울에는 몇 시간 만에 적지 않은 용돈을 벌었다. 아이들이 밖에서 눈 치우는 모습을 보고, 몇몇 이웃들이 자기들 집 앞도 치워 달라고 부탁한 것이다. 아이들은 눈을 치우며 함께 눈사람을 만들었고, 어른들은 코가 떨어져 나간 눈사람 앞에 모여 서서 아이들의 솜씨를 칭찬해 주었다.

3장
음식 나눠 먹기의 힘!

혼자 집에 틀어박혀 지내기보다 이웃, 친구와 삶을 나누며 끈끈한 관계를 맺어야 더 건강하고 행복하다. 그렇다면 어떻게 다른 사람과 친하게 지낼까? 음식을 나눠 먹으면 된다! 이 장에서는 세계 곳곳의 사람들이 어떻게 음식을 나누며 가까워지는 지, 어떻게 도시를 먹거리뿐 아니라 삶을 나누는 공간으로 바꾸어 가는지 소개한다.

다 같이 나눠 먹으며 놀자!

아는 사람 하나 없는 낯선 도시로 이사를 오면 어떻게 새 친구를 사귀어야 할까? 그레이스 게리는 캐나다 빅토리아 시로 이사 왔을 때 수프 파티를 열고 동네 사람들을 초대했다. 그 뒤로 파티는 해마다 열리게 되었고, 이제 그레이스는 100명이 넘는 동네 사람들 이름을 줄줄 외우고 달걀에서부터 트럭까지 별의별 것을 다 빌려주고 빌린다.

마크 레이크먼은 미국 포틀랜드에서 자랐다. 그동안 살면서 어딘가에 속해 있다는 느낌을 별로 가지지 못했던 마크는 과테말라와 멕시코 국경에 있는 작은 마을에서 지내면서, 공동체의 진정한 의미를 깨달았다. 포틀랜드 집에 돌아온 뒤, 마크는 머나먼 그 마을에서 즐겨 했던 일을 해 보기로 마음먹었다. 마크는 매주 포틀럭 파티를 열고 동네 사람들을 모두 초대했다. 포틀럭 파티는 참석자들이 각자 음식을 가져와서 나눠 먹는 파티를 말한다.

그 뒤에 온 동네 사람들은 함께 어울릴 수 있는 야외 공간을 만들기로 했다. 그들은 가장 가까운 교차로 바닥에 큼직하게 그림을

▲ 미국 포틀랜드의 공유 광장. 사람들의 발길이 미치지 않는 외딴 교차로가 주민들에게 쓸모 있는 공간으로 바뀌었다.

그리고, 그 주변에 아이들을 위한 놀이 집도 짓고 게시판도 설치했다. 또한 24시간 여는 찻집과 작은 도서관도 만들었다. 사람들은 그곳을 '공유 광장'이라고 불렀다. 포틀랜드 시 교통관리국은 처음에는 주민들의 이런 활동을 거세게 반대했다. "그곳은 공공장소입니다. 그러니 아무도 맘대로 사용할 수 없습니다!"라면서. 하지만 포틀럭 파티 덕분에 동네 사람들이 더욱 즐겁게 생활하는 모습을 보고 법을 바꿔 다른 동네 주민들까지도 비슷한 광장을 만들 수 있도록 했다.

담장을 없애라

"좋은 담장은 좋은 이웃을 만든다"는 말은 미국 사람들이 즐겨 읊조리는 오래된 시의 한 구절이다. 그 뜻을 두고 사람들은 여러 가

> **이거 알아?**
>
> 1975년에서 1999년 사이에 미국 사람들이 소풍을 가는 횟수가 60퍼센트까지 줄어들었다. 그런데 각종 조사 결과에 따르면, 여가활동이 풍부할수록 행복 수준이 높아지는 것으로 나타났다.

지 풀이를 내놓는다. 든든한 담장이 이웃의 재산을 넘보지 않게 해서 이웃 사이의 관계를 지켜 준다고 풀이하는 사람도 있고, 또 많은 사람들이 농장을 운영하던 시절에는 담장이 튼튼해야 염소 같은 가축들이 남의 집에 넘어가서 해를 끼치지 않았다는 뜻이라는 사람도 있다. 그런데 집에 염소가 없는데도 굳이 담장이 필요할까?

1986년에 미국 캘리포니아의 데이비스에 있는 한 동네에서는 집집마다 담장을 없애기 시작했다. 몇 년 뒤, 한 주민은 아예 자기 집을 '공동 주택'으로 바꿔 누구나 부엌이나 세탁실을 쓸 수 있게 했다.

행복한 우리 동네

나는 아파트 주차장에서 많은 시간을 보낸다. 텃밭을 가꾸고, 자전거를 손보고, 가족과 함께 벤치에 앉아 저녁을 먹기도 한다. 어느 날 우리 가족이 주차장에서 놀고 있는데, 길 아래쪽에서 이웃 사람이 싹튼 보라색 감자를 들고 다가왔다. "찬장 뒤쪽에 있더라고요. 이것 좀 심어 줄래요?" 나는 흔쾌히 받아서 텃밭에 심었고, 몇 달 뒤에 우리는 그 이웃과 보라색 감자를 나눠 먹었다.

요즘에도 이 동네에는 담장이 없어서 길과 집집의 마당이 이어져 있고, 이웃이 함께 식사를 한다. 동네 사람들은 온수 욕조에서 과일나무에 이르기까지 모든 걸 같이 이용한다. 동네 활동에 얼마나 참여할지는 집집마다 자유롭게 결정할 일이지만, 담장이 없어지면서 동네가 살기 좋아졌다는 사실에는 모두 동의한다.

빵 굽는 공원

집 가까이에 공원이 있으면 안 좋다고 생각하는 사람들도 있다. 20년 전, 캐나다 토론토의 더프린 그로브 공원 근처에 살던 사람들이 그랬다. 10대들이 공원에서 온종일 시간을 보내면서 소란을 피우고 시설물을 망가뜨렸기 때문이다. 동네가 깨끗해지려면 경찰이 10대들을 잡아 유치장에 가둬야 한다고 주장하는 사람들도 있었다.

하지만 생각이 다른 사람들도 있었다. 이들은 10대들이 공원에 못 오

▲ 캐나다 토론토의 어느 동네 공원에 있는 공용 오븐. 주민들은 같이 빵을 굽고 나눠 먹으며 자연스레 친해진다.

▲ 모로코의 어느 산골 마을에 있는 공용 오븐. 수 세기 동안 마을 공용 오븐은 그 지역의 귀중한 자원이었다.

게 막는 대신, 공원을 재미있는 공간으로 만들어 남녀노소 할 것 없이 더 많은 사람들이 공원에 오도록 만들자고 했다. 주민들은 시 당국과 논의한 끝에 모래밭, 농구 코트, 롤러스케이트장, 그리고 가장 중요한 마을 공용 오븐 두 개를 놓아 보기로 했다. 왜 공원에 오븐을 가져다 두려고 했을까? 당연히 빵을 굽기 위해서였다! 공원 관리자들은 오븐 사용을 감독했고, 온 동네에서 빵을 구우려는 사람들이 공원으로 몰려왔다. 반죽이 오븐에서 구워지는 동안, 사람들은 서로 이야기를 나누며 이웃 간의 정을 쌓아 갔다. 공원은 골칫덩이에서 동네 명소로 바뀌었다.

온 마을을 배불리 먹이는 공용 냉장고

공용 오븐처럼 공용 냉장고도 동네에 생기를 불어넣어 준다. 이웃이라고 하면, 우리는 흔히 옆집에 사는 사람들을 떠올린다. 하지만 길거리에서 먹고 자는 노숙자도 이웃이다. 인도의 항구 도시 코치에서 식당을 운영하는 미누 폴린은 어떻게든 살아 보려고 애쓰는 가난한 이웃들을 도와주고 싶었다. 미누는 쓰레기통을 뒤지고 다니며 먹을 것을 찾는 노숙자를 보고, 팔고 남은 음식을 노숙자를 비롯해 가난한 사람들에게 나눠 줘야겠다고 마음먹었다. 어차피 쓰레기통에 버려질

▲ 뉴질랜드 오클랜드의 한 마을에 세워진 공용 냉장고. 남은 음식을 넣어 두면, 누구든 가져가 맛볼 수 있다.

음식이었으니까. 며칠 뒤 미누는 식당 앞에 냉장고를 하나 내놓았다. 그리고 식당에 온 손님들에게 음식을 시킨 뒤 다 먹지 못할 것 같으면 미리 덜어 뒀다가 식당 앞 냉장고에 넣어 달라고 부탁했다. 미누는 그 냉장고를 '난마 마람(선행의 나무)'이라 불렀다. 이와 비슷한 일이 아르헨티나에서도 벌어졌다. 여러 식당 앞이나 광장에 공용 냉장고가 들어섰는데, 표지판에 '배고픈 분은 냉장고 안에서 음식을 가져가세요!'라고 적혀 있다. 이런 냉장고는 이웃을 도와줄 뿐 아니라 음식물 쓰레기도 줄여 준다. 냉장고 옆에는 옷걸이대가 세워지기도 하는데, 거기에 걸린 옷은 모두 공짜다.

행복한 우리 동네

몇 년 전에 한 친구가 서양모과를 따러 가지 않겠냐고 물었다. "뭐라고?" 나는 되물었다. 그때는 11월이었다. 어디서도 먹을 게 자라지 않을 것만 같은 시기였다. 게다가 서양모과는 난생처음 들어보는 낯선 과일이었다. 알고 보니 서양모과는 중세 시대에 유럽에서 인기 있던 과일로, 내가 사는 동네에서 자전거를 타고 조금만 가면 되는 곳에 자라고 있었다. 서양모과 나무가 심긴 곳은 원래 공터였지만, 마을 자원봉사자들이 나서서 먹거리 숲으로 바꿔 놓았다. 누구든 거기서 자라난 과일과 채소를 가져다 먹을 수 있다. 도시 한복판에 공짜 먹거리라니! 거기서 얻은 서양모과는 정말 맛이 좋았다! 사진은 먹거리 숲의 입구이다.

▲ 뉴욕 타임스 스퀘어 한복판에 설치된 피아노. 피아노에는 "나를 연주하세요. 난 당신 거예요!"라고 쓰여 있다. 한때 시끄럽고 혼잡했던 이곳은 이제 음악소리가 넘쳐나는 활기찬 만남의 장소가 되었다.

나를 연주하세요. 난 당신 거예요!

도시에서는 사람들이 마주쳐도 말 한마디 주고받지 않는다. 영국의 예술가 루크 제람은 매주 동네 빨래방에 갈 때마다 이런 경험을 했다. 빨래가 끝나기를 기다리며 번번이 전에도 마주쳤던 사람과 같은 공간에 앉아 있었지만, 아무도 아는 척하지 않았다. 루크는 어떻게 하면 이런 어색한 상황을 바꿀 수 있을까 고민하다가, 빨래방에 피아노가 있다면 어떨까 하고 상상했다. 몇 년 뒤 버밍엄에서 열리는 예술 프로젝트에 초대받았을 때, 루크는 바로 이 생각을 현실로 옮겨 보기로 했다. 루크는 프로젝트를 "나를 연주하세요. 난 당신 거예요!"라고 이름 붙인 뒤 3주 동안 시내 공공장소에 피아노 열다섯 대를 가져다 놓았다. 그랬더니 사람들이 너도나도 피아노를 치면서 웃음꽃을 피웠다. 루크의 생각은 널리 퍼져 나갔고, 전 세계 55개 나라에 1,500대가 넘는 피아노가 공공장소에 놓이게 되었다.

고속도로 한가운데에서 만찬을 즐기다

앞서 소개했듯이 네덜란드에서는 집 앞 보행자 우선도로에 식탁과 의자를 내놓을 수 있다. 하지만 안타깝게도 전 세계 어디에서나 그럴 수 있는 것은 아니다. 더욱이 북적이는 도로변이나 도심 한복판의 작은 아파트에 사는 사람들은 집 앞에 탁자를 내놓고 밥 먹는 일이란 꿈꾸기도 힘들다. 그렇다면 그런 사람들은 언제까지나 집 안에서만 식사를 해야 한단 말인가?

미국의 예술가 헌터 프랭크스는 색다른 도전을 시도했다. 2015년, 헌터는 미국 오하이오 주 아크론 시의 한 고속도로 위에서 500명을 위한 저녁 만찬을 계획했다. 이듬해인 2016년부터 그 고속도로에 차량 통행이 금지

▲ 미국 오하이오 주 아크론의 한 고속도로에서 열린 '500명을 위한 저녁 만찬' 모습. 이 지역 주민들은 함께 식사를 하면서 폐쇄될 예정인 이 고속도로를 어떻게 이용할지에 대해 이야기 나누었다.

> **이거 알아?**
>
> 남아프리카 공화국의 케이프타운에서는 피부색으로 인한 편견 때문에 오랫동안 사람들 사이에 편이 갈렸다. 하지만 지금은 정기적으로 축제를 열어 서로 어울리면서, 사람들은 도시 생활을 즐기고 사회적 편견을 없애며 1년 내내 안전한 거리를 만들고 있다.

될 예정이라는 사실을 이미 알았기 때문에, 헌터는 아크론 시민들과 식사를 나누며 앞으로 그 도로에서 무엇을 하고 싶은지 의견을 듣고 싶었다.

헌터는 고속도로 만찬에 시민들을 초대했다. 다행히 시에서 헌터의 제안을 받아들여 행사 날 차량 통행을 막아 주었다. 시민들은 식사 자리에서 갖가지 의견을 내놓았다. 공원뿐 아니라 자전거 도로와 마을 텃밭, 푸드 트럭을 위한 공간도 만들자고 했다. 식사를 마친 뒤에 참가자들 손에는 접시가 하나씩 들려 있었다. 접시에는 헌터가 여러 참가자들로부터 모은 요리법이 적혀 있었다. 또한 헌터는 집으로 돌아가서도 이웃과 자주 만나고 이야기 나누라고 동네마다 탁자를 하나씩 나눠 주었다. 아크론 시민들에게는 참으로 잊지 못할 저녁 만찬이었다.

아이들이 설계하고 시에서 만든다

버려진 공원과 비디오 게임 마인크래프트를 좋아하는 아이들이 뭉치면 어떤 일이 벌어질까? 동네 사람들이 함께 즐길 수 있는 새로운 공공장소가 만들어진다! 마인크래프트는 정육면체 블록과 도구로 건축을 비롯한 수많은 활동을 즐길 수 있는 게임이다. 인도 뭄바이에 있는 로터스 가든은 놀이기구가 차가운 철제이고 바닥이 흙으로 덮여 있어 찾아오는 사람들이 거의 없었다. 하지만 동네 아이들이 마인크래프트 게임을 활용해서 모든 것을 다시 설계했다. 지금 로터스 가든은 잔디밭과 산뜻한 놀이터, 울창한 나무로 인기 있는 공공장소가 되었다.

로터스 가든의 설계에 참여한 아이들은 도시 재생 프로젝트 '블록 바이 블록'에 속해 있다. 블록 바이 블록은 개발도상국의 도시 문제를 해결하려는 '유엔 해비타트'와 마인크래프트 제작사 '모장'이 손잡고 운영한다. 이 프로젝트에 참여한 아이들은 마인크래프트 게임을 이용해 도시를 더 멋지게 만들었다. 아이들이 고치고 싶은 곳을 다시

▲ 동네 스케이트장에서 하키를 즐기는 캐나다 아이들. 겨울이면 대부분의 지역이 꽁꽁 얼어붙는 캐나다에서는 집 뒷마당에 물을 뿌려서 동네 사람들을 위한 스케이트장을 만들기도 한다.

 **행복한 우리 동네**

나는 딸과 함께 자전거를 타고 학교에서 집에 오는 길에 동네 도서함을 지난다. 우리는 자주 멈춰서 도서함 안을 들여다본다. 도서함에는 언제나 새 책이 들어 있다. 그건 도서함이 동네 사람들에게 사랑받고 있다는 증거다. 한번은 근처 공사장에서 불도저를 모는 한 남자가 잠시 차를 멈추더니 운전석에서 훌쩍 뛰어내려 도서함 속 책을 한 권 집어 들고는 요란한 소리를 내며 다시 일터로 돌아갔다.

▲ 캐나다 빅토리아 시민들은 거리에 그림을 그려도 좋다는 시의 허가를 받았다. 이웃끼리 친해지고 자동차도 천천히 다니게 하는 재미있는 방법이다!

설계하여 시 의회에 가져가면, 시 의원들은 아이들과 함께 그 설계도를 현실로 옮기는 방법을 의논한다. 비디오 게임 속에서 설계한 것들이 실제로 만들어진다니, 정말 놀랍지 않은가!

도시의 주인은 자동차가 아니다

소풍을 즐기고 음식을 나눠 먹을 수 있는 공간이 생기면 이웃과 더 즐겁게 지낼 수 있을까? 물론이다! 도시는 자동차가 아닌, 사람들을 위한 곳이다. 아무리 소소한 방법이라도 모조리 동원해, 우리 스스로 살고 싶은 도시로 만들어야 한다. 작은 변화가 쌓이면 마침내 큰 변화를 일으킨다.

4장
함께 만드는 재미난 도시 생활

차갑고 무덤덤한 도시 생활을 따뜻하고 생기 있게 만드는 일은 쉽지 않다. 하지만 전혀 불가능한 일도 아니다. 이 장에서는 세계 사람들이 자기 동네를 좀 더 재미있고 활기찬 곳으로 만들기 위해 벌이고 있는 일들을 소개한다. 좀 더 멋진 곳에서 살고 싶다면, 지금 내가 살고 있는 동네를 그렇게 만들면 된다!

정치? 어린 시민의 지지를 받으세요!

2014년, 이탈리아 사르데냐의 사사리에서 시장 선거가 열렸을 때 그 지역 아이들은 어른들에게 무시를 당하는 느낌이었다. 어른들은 저마다 자기들 이익을 가장 잘 대변할 시장 후보에 대해서만 이야기했다. 시장 후보 중에 그 지역 아이들이 무엇을 원하는지에 대해 관심 있는 사람은 하나도 없었다. 그래서 아이들은 지역 단체의 도움을 받아 홍보 활동을 벌이기로 했다. 아이들은 시장 후보들에게 자기들처럼 롤러블레이드나 자전거를 타고 다니며 도시를 체험하고, 지나가는 사람들을 길거리 시합에 초대하면서 겪은 일들을 직접 기록하도록 숙제를 냈다. 시장 후보들은 '어린이의 지지'를 얻으려고 도시를 열심히 누비는 동안 자기도 모르는 사이, 아이들 눈높이에서

▲ 시장 선거에 나온 후보들에게 자기들이 노는 대로 도시를 즐기도록 요구한 이탈리아 사사리 아이들의 모습.

도시를 바라보게 되었고, 도시 생활에서 맛볼 수 있는 재미를 더 많이 알게 되었다고 한다.

시민들이 되살린 수영장

마을을 재미있게 만드는 데 정치인의 도움이 반드시 필요한 것은 아니다. 주민들이 나서서 지역에 숨은 자원을 찾아내고, 모두가 사용할 수 있게 만들면 된다.

▲ 캐나다 빅토리아 시 한복판에 자리한 아름다운 천연 수영장. 지역 주민들이 발 벗고 나선 덕분에 이제는 더 이상 오염된 수로가 아니다.

캐나다 빅토리아에 있는 고지 워터웨이는 1900년 초반에 수많은 사람들이 수영을 즐기는 곳이었다. 해마다 여름이면 사람들이 몰려들어서 수영을 하거나 배를 탔다. 하지만 1930년대 무렵 근처에 커다란 공장이 들어섰고, 시 당국은 공장에서 버리는 오염된 물과 산업폐기물이 고지 워터웨이로 흘러들자 수영을 금지했다. 1994년에 빅토리아 시민들은 이곳을 정화하기로 나섰고, 곧이어 기업과 정부도 참여했다. 그 결과 굴이나 연어 같은 사라진 생물이 수로로 속속 돌아왔고, 몇 년 전부터는 다시 수영도 할 수 있게 되었다. 지역 주민들은 이 특별한 장소를 자주 찾으면서 돈독한 관계를 쌓아 갔고, 이들의 활동은 다른 지역 사람들에게 지역을 위해 주민들이 나서서 할 수 있는 일이 있다는 용기를 심어 주었다. 발 벗고 나선 이웃들 덕분에 쓰레기장 같았던 곳이 다시 무

▲ 화분과 산뜻한 페인트칠 덕분에 산책하기 좋은 곳이 된 도심의 뒷골목 풍경.

료 천연 수영장으로 바뀌었다.

캐나다 퀘벡에는 도시 곳곳에 뒷골목이 길게 뻗어 있다. 수십 년 전만 해도, 이런 뒷골목은 쓰레기 때문에 냄새도 고약하고 지나다니는 사람도 없어 칙칙한 곳이었다. 하지만 1990년 무렵, 주민들이 나서서 뒷골목을 동네 사랑방으로 만들자고 의견을 모았다. 주민들은 골목을 깨끗이 치우고, 거기에 텃밭을 만들고 집에서 탁자와 의자를 끌고 나왔다. 시 당국은 주민들의 생각을 높이 평가하며 그곳을 녹색 골목으로 지정하고 나무 심는 비용을 보태주었다. 이런 동네 사랑방은 현재 250군데로 늘어났다. 아이들에게는 뛰어놀 곳이, 어른들에게는 이웃과 어울리며 음식을 나눠 먹고 여름을 즐길 공간이 생기면서 도시는 한층 풍요로워졌다.

뜨개실로 도시에 색을 입힌다!

양쪽에 커다란 회색 건물이 늘어선 도로를 떠올려 보자. 구름까지 잔뜩 낀 날이다. 사람들은 보도를 따라 바쁘게 제 갈 길을 간다. 머리는 푹 숙인 채로. 그러다가 뜨개실로 짠 무지갯빛 양말을 신은 벤치와 맞닥뜨렸다고 치자. 또는 털목도리를 두른 가로등도 괜찮다. 누군가는 큰소리로 웃음을 터뜨릴 것이다. 누군가는 슬며시 미소를 지을 것이다. 그리고 절로 입을 열고 옆 사람과 이야기를 나누게 될 것이다.

'뜨개실 폭격' 또는 '뜨개실 돌풍'은 나무나 동상, 가로등 같은 도시 시설물에 뜨개실로 짠 작품을 씌우는 거리 예술이다. 물론 공공 시설물에 손을 대는 일이라 대부분의 지역에서는 법을 어기는 일이다. 하지만 벽에다 낙서하는 그래피티와는 달리 없애기가 쉬워 어떤 곳에서는 그대로 놔두기도 한다. 뜨개실로 짠 작품은 회색빛 도시에 알록달록한 색깔을 더해 시민들을 즐겁게 해 주기 때문이다. 뜨개실 돌풍을 처음 일으킨 사람은 미국 휴스턴에 사는 마그다 사예그였다. 2005년, 마그다는 자신의 가게 문 손잡이에 씌울 덮개를 짜면서 도시의 회색빛 철제 시설물에 보송보송하고 따뜻한 느낌을 더하고 싶어 털실 작품을 만들기 시작했다.

뜨개실 작품으로 가로수, 자동차, 건물 등 도시 곳

이거 알아?

미국 시애틀 프리몬트 지역에는 다리가 하나 있다. 오랫동안 다리 밑은 잡초와 쓰레기로 뒤덮여 있었다. 1989년에 지역 주민들은 흉물 같은 다리 밑을 지역 명소로 바꾸기로 뜻을 모았다. 지금 그곳은 전설 속 거인 트롤의 거대한 조각상이 두 사리고 있어서 관광객들이 즐겨 찾는 명소가 되었다.

▶ 미국 캘리포니아의 한 마을에 있는 오징어 나무. 나무에 입힌 오징어 모양 옷은 자매인 로나 와트와 질 와트가 6.4킬로미터 길이의 뜨개실로 뜬 작품이다.

곳을 뒤덮는 움직임을 '크래프티비즘' 이라고 하는 예술가들도 있다. 크래프티비즘은 '수공예(Craft)'와 '행동주의(Activism)'를 합친 말로, 뜨개질이나 자수와 같은 수공예를 통해 한 땀 한 땀 천천히 세상을 바꾸어 가는 운동을 뜻한다. 이들은 여성의 권리에서부터 환경보호에 이르는 다양한 사회 문제에 대한 인식을 일깨운다. 마그다가 일으킨 기발하고도 재미있는 뜨개실 돌풍은 사람들 사이에 따뜻한 대화를 불러일으킨다.

▲ 도구를 사용해 오래된 벽에 쌓인 먼지를 지우면서 그림을 그리는 '역발상 그래피티' 작품.

행복한 우리 동네

캐나다 빅토리아에서는 눈 구경을 자주 못한다. 몇 년 전에 눈이 왔을 때, 우리 가족은 동네 사람들과 함께 난생처음 썰매를 타러 갔다. 우리는 다 같이 저벅저벅 눈을 밟으며 공원으로 갔다. 그러는 사이 아이들은 어디에서 썰매를 탈지 머릿속으로 그려 보았다. 평소 공원은 텃밭과 동물원이 있고 나무가 울창한 곳이었기 때문이다. 아이들은 상상이나 했을까? 눈이 오면 공원이 비닐봉투에서부터 빨래 바구니에 이르기까지 각양각색의 썰매와 사람들로 가득 찬 신나는 놀이터로 변한다는 사실을!

집 앞에 도서관을!

도서관에서 빌린 책을 생각보다 빨리 읽어 버렸다면? 도서관이 집에서 가깝다면 아무 문제가 없다. 집 앞 골목이나 공원에 도서관이 있다면 말이다. 1990년대, 독일에서는 책으로 가득 찬 책장들이 공공장소 여기저기에 세워지기 시작했다. 책장에는 책을 한 권씩 가져가서 읽고 나중에 반납하라는 표지판이 붙어 있었다. 2009년에는 미국 허드슨에 사는 토드 볼이 자신의 어머니를 기리기 위해 작은 학교처럼 생긴 나무 상자를 만들어 책을 잔뜩 꽂

▼ 불가리아 알베나 해변에 설치된 무료 간이 도서관. 무려 15개 언어로 쓰인 6,000권의 책이 꽂혀 있다.

▲ 프랑스 파리 센 강변에 있는 책 가판대. 1500년대부터 강을 따라서 줄지어 생겨난 거리 서점은 처음에는 외바퀴 수레 형태였다가 지금은 가판대로 바뀌어 이어지고 있다.

아 두었다. 토드는 간이 도서관이 된 상자를 마당에 내놓고 이웃들을 초대했다. 요즘은 세계 곳곳에 이런 간이 도서관이 5만여 곳 생겼다. 간이 도서관은 이웃을 만나고 서로를 알아 가기에 아주 좋은 장소다.

동네에서 기르는 채소로 밥상을 차린다

저녁에 먹을 채소를 동네에서 얻는다면? 동네에서 자라는 채소를 마음껏 따서 집에 가져와 요리해 먹을 수 있다면 어떨까? 이런 일이 영국 토드모던이라는 마을에서 실제로 벌어졌다. 2007년, 친한 친구 사이였던 몇 명이 이 생각을 떠올리고는, 곧 동네에 채소

▲ 이탈리아 피옴보노 직거래 장터에서 무화과를 사는 남자아이. 신선한 먹거리를 사고 싶다면 직거래 장터만 한 곳이 없다!

를 심기 시작했다. 요즘 이 마을 길거리에는 먹을 수 있는 채소와 작물이 옹기종기 늘어서 있다. 병원 옆에는 과일나무가 심겨 있고, 경찰서 앞에는 옥수수가 무럭무럭 자란다. 동네 주민들은 채소를 따면서 서로 인사를 나눈다. 어른 아이 할 것 없이 누구나 자기가 먹는 채소가 어떻게 자라는지 알게 되었다. 관광객들이 곳곳에서 몰려와 정말 멋지다며 감탄했다. 게

 행복한 우리 동네

'맥캐스킬 길'은 내가 사는 동네는 아니지만, 근처를 지날 때면 꼭 들르는 곳이다. 유머 가득한 벽화와 재치 있는 물건이 가득하기 때문이다. 이 동네 사람들은 다 같이 벽화를 그리고, 한 곳의 작업이 끝나면 다른 곳으로 옮겨 또 다른 활동을 이어 간다. 이 동네에는 책 교환소와 예쁘게 꾸민 전봇대, 길거리를 돌아다니는 닭들과 이 닭들을 위한 횡단보도까지 있다. 동네 사람들이 힘을 모아 볼품없는 회색 벽을 볼거리 가득한 명물로 바꿔 놓다니, 정말 대단하다.

다가 채소나 나무 심기 덕분에 일자리가 새로 생겼고, 주민들은 공동체를 이루면서 지역에 대한 자부심도 가지게 되었다.

동네에서 채소를 구하면서 이웃과 어울릴 수 있는 또 다른 방법은 텃밭 일구기와 직거래 장터다. 동네 직거래 장터에 가면 신선한 먹거리와 재미난 볼거리가 가득해 축제를 즐기는 느낌이 든다. 농작물을 직접 키운 농부들과 속 깊은 이야기를 나눌 수도 있다. 마트는 고객들이 되도록 빨리 돈을 펑펑 쓰며 물건을 사도록 부추기는 반면, 직거래 장터는 대화와 참여를 이끌고 지역 농부들을 돕는다.

한 조사 결과에 따르면, 직거래 장터를 찾은 사람들이 마트에서보다 열 배나 더 많은 대화를 나눈다고 한다. 장터에서 꼬마 상인들도 만날 수 있는데, 주로 수공예품에서부터 꽃양배추에 이르는 다양한 물건들을 판다. 예를 들면, 미국 워싱턴의 아야 공동 장터에서는 근처에 있는 고등학교 학생들이 학교 텃밭에서 직접 가꾼 채소와 약초를 판다. 이렇게 도시 아이들도 농부가 될 수 있다.

사람들이 모이면 동네가 바뀐다!

'장소 만들기'라고 해서 반드시 어떤 장소의 모습을 바꿔야 하는 건 아니다. 때로는 사람들에게 함께 만나자고 초대하는 것만으로도 충분하다.

이거 알아?

세계 곳곳의 대도시에서는 '좀 더 느리게' 살아가려는 사람들을 만날 수 있다. 이들은 직거래 장터에서 장을 보고, 동네를 산책하고, 비슷한 관심사를 가진 사람들과 모임을 갖는다. 일본 도쿄에 있는 한 단체는 스스로를 '나무늘보 클럽'이라고 부른다. 좀 더 느린 삶을 좇는 모임의 이름으로 이보다 멋진 것이 있을까!

▲ 오스트레일리아 버니에서 열린 빌리 카트 만들기 행사에 참여한 노인과 아이들. 이 행사는 모든 연령대의 사람들에게 인기가 높다.

2010년, 오스트레일리아의 작은 도시 버니에 사는 동네 주민들은 어린 자녀들에게 인생을 멋지게 시작할 수 있는 기회를 주고 싶었다. 얼마 뒤에 한 예술 단체가 초등학생들과 가족을 초청해서 복지 시설에 사는 노인들과 만나게 했다. 그들의 계획은 나무로 '빌리 카트'를 만드는 것이었다. 이 지역에서는 아이를 '빌리'라고 한다. 아이들은 어른들과 함께 만든 카트를 타고 거리를 누비면서 공동체가 무엇인지 온몸으로 느낀다. 요즘도 이 지역에서는 어른 아이 할 것 없이 누구나 해마다 빌리 카트 만들기 전통을 이어 가면서, 서로 관계를 돈독히 하고 아이들의 꿈을 지원하고 있다.

혹시 여러분 동네에 고층 아파트가 있는가? 그렇다면 맨 꼭대기 층에서 종이비행기를 날리는 모습을 상상해 본 적 있는가? 미국 시애틀의 비컨 타워는 저소득 노인과 장애인 들을 위한 고층 빌딩이다. 오랫동안 타워에서 혼자 지낸 거주민들은 외출하는 일도 드물었고 이웃과 어울리지도 않

▲ 미술관 안뜰에서 자라는 식물에 물을 주는 아이. 아이들을 생각하고 공공건물을 짓는다면, 도시는 훨씬 풍요로워질 것이다.

▲ 오스트레일리아 시드니에 있는 한 미술관 앞 시설물. 2015년에 한 단체가 미래의 도시 제작자인 어린이들에게 꿈과 희망을 심어 주기 위해 설치했다.

았다.

그러던 어느 날 몇 안 되는 주민들이 그 상황을 바꿔 보기로 뜻을 모았다. 그리고 주민 모두에게 토요일 오전 타워 15층에서 열리는 비행기 날리기 시합에 참여해 달라는 초대장을 보냈다. 주민들은 간식거리를 준비하기도 하고 종이비행기를 접기도 했다. 소식을 들은 지역 기업들은 가장 멀리 비행기를 날리는 사람이나 3미터 거리에 있는 과녁 한복판을 명중시키는 사람에게 상품을 주겠다고 나섰다. 주민들이 비행기를 주워 오려고 밖으로 나갈 무렵에는 더 이상 서로 모르는 사이가 아니었다. 그 행사는 동네 모습을 완전히 바꿔 놓았다. 시설물에 손 하나 대지 않고 장소를 변화시킨 것이다.

도전! 이웃 사귀기

요즘 도시에는 바쁘면서도 외롭게 지내기보다 느리지만 이웃과 어울리며 살려는 사람들이 많아지고 있다. 자동차에 의존하기보다는 이웃을 믿고 의지하고자 하는 흐름이 세계 곳곳에서 나타나고 있다. 이웃과 친밀한 관계를 맺으며 더욱 행복한 삶을 누리려면 어떻게 해야 할까? 다음의 몇 가지 방법을 따라해 보자.

▲ 매끄러운 포장도로는 차가 빨리 달리기에도 좋지만 길거리 하키를 하기에도 안성맞춤이다!

▲ 길거리 텃밭 모습. 텃밭 가꾸기는 이웃을 사귈 수 있는 아주 좋은 방법이다.

자주 바깥에 나가라

이웃과 만나는 가장 좋은 방법은 자신을 이웃에게 자주 보여 주는 것이다. 밖에 나가 산책도 하고 낙엽도 치우고 텃밭도 가꾸고 사방치기 놀이도 한다면, 이웃과 알고 지낼 기회가 훨씬 많아진다.

탐험하라

자전거를 타거나 걷는 것 또한 이웃 사람들과 친해질 수 있는 좋은 방법이다. 지도를 만들어 친구에게 나눠 주자. 동네를 돌아다니다가 눈에 띈 것이 있는가? 동네에 없어서 아쉬운 것은 무엇인가? 그것이 동네에 있게 하려면 어떻게 해야 할까?

예술가처럼 생각하라

여러분에게 있는 것이 무엇인지 살펴보고 잘 활용해 보자. 집에 앞마당이 있다면 텃밭으로 바꿀 수 있다. 현관 계단 옆에는 꽃을 심을 수 있다. 아파트에 살아도 생각을 모으면 주변을 자기 것으로 만들 수 있다. 스티브 원은 창의적인 생각으로 거리의 구덩이를 작은 정원으로 바꾸어 놓았다. 사람들이 발길을 멈추고 관심을 기울일 만한 것을 골똘히 생각해 보자.

▲ 캐나다 빅토리아의 펀우드라는 마을 전봇대에 지역 미술가 줄리 맥래플린이 그린 작품. 이곳에서 사는 사람이라면 누구든 신청만 하면 전봇대에 그림을 그릴 수 있다.

책을 서로 바꾸어 보라

책 교환소를 만드는 것이야말로 동네에 활기를 불어넣는 가장 좋은 방법이다. 책을 서로 바꾸어 보면, 세상은 넓고 흥미로운 작품은 끝없이 많다는 사실을 알게 될 것이다.

세상에 알려라

내가 사는 동네에 자랑할 만한 것이 있다면 어떻게 세상에 알릴까? 길바닥이 분필로 그림 그리기에 완벽한가? 색소폰을 연주하는 이웃 사람이 거리 콘서트를 기꺼이 열겠다고 하는가? 자신이

▲ 책 교환소를 찾거나 직접 운영하는 것은 책 좋아하는 이웃을 만날 수 있는 멋진 방법이다.

사는 동네의 진정한 가치를 아는 사람들이야말로 동네를 제대로 돌볼 줄 알고 남들에게도 동네의 매력을 더 잘 알게 한다.
어디에 살든 여러분에게는 이미 동네 사람들을 똘똘 뭉치게 하는 데 필요한 모든 것이 있다. 약간의 호기심, 미소, 창의력만 있다면 여러분은 동네를 훨씬 더 따뜻하고 재미있는 곳으로 만들 수 있다. 한 번에 하나씩 도전하고 바꾸어 보자!

더불어 사는 지구 75

이웃끼리 똘똘 뭉치면 무슨 일이 생길까? – 작은 발걸음 큰 변화 ⑭

처음 펴낸 날 2019년 10월 20일 | **세번째 펴낸 날** 2023년 10월 30일
글 미셸 멀더 | **옮김** 현혜진 | **펴낸이** 이은수 | **편집** 오지명, 김연희 | **북디자인** 원상희
펴낸곳 초록개구리 | **출판등록** 2004년 11월 22일(제300-2004-217호)
주소 서울시 종로구 비봉2길 32, 3동 101호
전화 02-6385-9930 | **팩스** 0303-3443-9930
인스타그램 instagram.com/greenfrog_pub

ISBN 979-11-5782-083-2 74840 | 978-89-956126-1-3(세트)

- 이 도서의 국립중앙도서관 출판시도서목록(CIP)은 서지정보유통지원시스템 홈페이지(http://seoji.nl.go.kr)와
국가자료공동목록시스템(http://www.nl.go.kr/kolisnet)에서 이용하실 수 있습니다.(CIP제어번호: CIP2019039310)

사진 저작권 목록

p2-3 Askolodsb/Dreamstime.com p6 Gastón Castaño p7 Michelle Mulder p8 Michelle Mulder p10 Belle Maluf On Unsplash
p11 (상) Zzvet/Dreamstime.com (하) Sharply_done/Istock.com p13 Michelle Mulder p14 Lewis Hine/ U.S. National Archives/ Wikipedia.org p16 (좌) LC-D401-12683/Library of congress (우) NA-1824-1/Glenbow.org p17 Carl Mydans/Library Of Congress
p18 (상) paolo Bona/Shutterstock.com (하) Michelle Mulder p19 (상) Mike Lanza (하) Image Source/Istock.com
p21 (상) Michelle Mulder (하) City Of Victoria p22 Lev Radin/Shutterstock.com p24 Jenn Playford
p25 Dasharosato/Dreamstime.com p26 P_Saranya/Istock.com p27 Canin Associates p28 Onebluelight/Istock.com
p29 Photo Courtesy Of The Office Of Mayor Svante Myrick p30 (상) Russ Ensley/Dreamstime.com (하) Michelle Mulder
p31 Jim.Henderson/Wikipedia.org p33 (상) Saltyboatr/Wikipedia.org (하) Igor Marusitsenko/Dreamstime.com
p35 Pezi/Wikimediacommons.org p36 Albinfo/Wikipedia.org p37 (상) Shani Graham (하) Solstock/Istock.com
p38 (상) Aurinko/Dreasmtime.com (하) Gastón Castaño p41 Cityrepair.org p42 Markandrewphotography/Istock.com
p43 (상) Jutta Mason (하) Cdrin/Shutterstock.com p44 Rafael Ben Ari | Dreamstime.com p45 Jenn Playford p46 Luke Jerram
p47 Shane Wynn p49 (상) Fatcamera/Istock.com (하) Michelle Mulder p50 Dana Hutchings p52 Tamalacà
p53 Royal BC Museum p54 Markus Jaaskelainen/Dreamstime.com p56 Jill Watt p57 (상) Yeowatzup/Wikimediacommons.org
(하) Suusa Geuer p58 Nikolai korzhov/Dreamstime.com p59 Benh Lieu Song/ Wikimedia.org p60 (상) Imgorthand/Istock.com
(하) Maureen Parker p62 Rick Eaves p63 (상) Vanessa Trowell Per James Horan (하) Vanessa Trowell Per James Horan
p64 Robert Noel De Tilly/Shutterstock.com p65 Jackbluee/Dreamstime.com p66 Jen Cameron
p67 Evgeniiand/Dreamstime.com